SV

Band 1420 der Bibliothek Suhrkamp

Jürgen Becker
Dorfrand mit Tankstelle

Gedichte

Suhrkamp Verlag

© Suhrkamp Verlag Frankfurt am Main 2007
Alle Rechte vorbehalten, insbesondere das der Übersetzung,
des öffentlichen Vortrags sowie der Übertragung
durch Rundfunk und Fernsehen, auch einzelner Teile.
Kein Teil des Werkes darf in irgendeiner Form
(durch Fotografie, Mikrofilm oder andere Verfahren)
ohne schriftliche Genehmigung des Verlages reproduziert
oder unter Verwendung elektronischer Systeme
verarbeitet, vervielfältigt oder verbreitet werden.
Satz: Hümmer GmbH, Waldbüttelbrunn
Druck: Druckhaus Nomos, Sinzheim
Printed in Germany
Erste Auflage 2007
ISBN 978-3-518-22420-5

1 2 3 4 – 12 11 10 09 08 07

1 / Winterbilder

Der Brief

Du wolltest noch etwas sagen ... Die Drehtür
stockte und stand, dann drehten die Scheiben sich weiter,
und die Menge drang ein.
                    Die üblichen Installationen,
laufend Video-Filme. Eine Ausnahme machte
Die Landschaft über dem Bröltal. Ich hatte vergessen,
den Brief neu zu schreiben. Die Leute, die man traf,
telefonierend gingen sie weiter.
                    Für den Abend
genügte ein Holzkohlerest; es war wie der Abschied
vom Sommer, früh im Dezember.
                    Dann war es wie Land,
das plötzlich in Sicht kommt. Ein rascher Wechsel
des Senders, und schon sieht die Lage ganz
anders aus. Nur gut, daß du nichts mehr gesagt hast,
und ich fange jetzt mit dem Brief an.

Winterblicke

Ufergeröll, das sich einschließen läßt
von gläsernen Bauten, die in der Biegung des Flusses
entstehen;
        zwischen den Kiefern glitzert
der Schnee, eine Restschicht, die von den Hängen
herabsteigt. Landschaft im Fenster. Die Eingänge öffnen
sich, sobald der Flügelschlag eines Vogels
die Luft bewegt.
        Du kannst gehen
und siehst, wo das Geschlängel des Wegs
aus dem Dickicht hinausführt. Hinter den Zäunen
beginnt nichts. Die Ebene schiebt
den Horizont vor sich her.
        Weiterhin Eis
und diese Architektur, die etwas festhält und
durchsichtig macht, bis der Farn beispielsweise
zurückkehrt und das Terrain überwuchert.
        Der Fluß
spiegelt noch ein kahles System, das den Raum
bis zum Himmel freihält. Im Dunkel
weiß nur die Eule Bescheid; man kann sie, wenn
man sie rufen hört, nicht sehen; man sieht, da bleiben
die Flächen zwischen den Körpern der Dämmerung weiß.

A mind of winter, wie Wallace Stevens schrieb

Schneeäste, Kiefern ... du siehst, du hast
einen Sinn für den Winter. Du erwähnst noch
Wacholder, die eisüberzogenen Zweige, Fichten
im fernen Glitzern der Sonne, Januar 1921.

Du denkst, nicht denken
an irgendein Elend, wenn das Geräusch des Windes
das Geräusch der Blätter und des Landes ist, wo
einer still steht im Schnee und lauscht
und nichts hört als das Nichts, das da ist.

Oder wie sehe ich das ... in diesem Januar
kein Schneemann auf der Wiese, kein Flüchtlingsschiff
sucht die eisfreien Häfen. Vielleicht bleibt jetzt
der Winter weg, und nur im Gedächtnis zieht
die Kälte die alten Frontverläufe nach.

So war es. Die Schneehemden ein bißchen mehr grau
als die weiße Ebene, in der sie liegen,
vereinzelt, verstreut, eine unregelmäßige Reihe von Hügeln,
über denen Geräusche kreisen, heiser und schwarz.

Die Lage im Februar

Nachmittags, zwischen vier und fünf, sieht es
schon anders aus. Die Vögel fallen
in die Gärten ein; die Luft nimmt langsam
die Farbe des Frosts an. Zu spät
für eine andere Stadt. Die Sonne läßt
auf den Hängen ein Licht zurück, das wie
amerikanische Kindheit ist, vierziger Jahre.
Der sich nähernde Mann beerdigt die Leute
und sammelt Geld für den Karnevalszug.

Sheerness-on-Sea. Februar 1984

Charlie, so ließ er sich rufen
am Tresen. War die ganze Woche nicht da,
der Hocker steht leer ... vielleicht eine Reise
nach Wegwohin. Sagte ja nie was; *he was
a private man.* Oder er machte der Putzfrau
nicht auf, weil Gesine saß in der Küche
und wünschte gesichert zu sein ... die Spur
verliert sich über der dänischen Küste. Vielleicht
im Gespräch mit der Themse, wo sie geht
in die Nordsee unter den Fenstern und erzählt
von versunkenen Fässern, Granaten. Könnte auch sein,
daß Rauch von Gauloises vor der Wandkarte hängt,
und dort, wo er hingehört, zieht Nebel
über die Gleise, und Jakob winkt ihn herüber.
Bloody Mary zuletzt. Ans Telefon auch nicht.
Kann Mutmaßung sein: der Mann
ist unterwegs an den Ort, wo alle die Toten
stehen. Der Strand steht voller Leute.

Alte Gegenden

Diese Bahnhofsuhr, irgendwann ist sie
stehengeblieben. Fuhrwerk und Leute warten
vor der geschlossenen Schranke, im Bild
des vergessenen Malers. Es geht kein Kurswagen
nach Königsberg. In Aachen endet

die Reichsstraße 1. Pimpfe treffen ein
zum Schippen am Westwall; ein Lazarett
das humanistische Gymnasium mit dem Namen
Langemarck. Im Februar, kurz vor der belgischen
Grenze, taucht die Frittenbude auf.

Winterbild 45

Die Straßenbahn fährt noch ... so erzählt es
das Bild, und die Schatten dokumentieren, von irgendwo
kommt Sonne her.
                Es sind keine Schatten; es sind
im dünnen Schnee leergebrannte Flächen.
                              Der Wind kommt
von Osten; er schiebt die Planwagen vor sich her, draußen
auf der klirrenden Chaussee. Die Deichseln knarren;
der Eisklumpen Milch im schaukelnden Eimer.
                                            Die Straßenbahn
steht; sie wartet, und die Kämpfe gehen weiter
hinter der Endstation.
                      Im Schnee bleibt stecken
die Gegenoffensive.
                      Kiefernwälder, Artillerie. Es ist nicht
der Wind, der heranheult über die Hügel.
                                  Für Hügel
die Landkartenzeichen, die nichts sagen
über den Eisstau, Flucht und Frontverlauf.
                                      Schlittenspuren
gehen bis zum unteren Rand des Bildes, wo
der Schneemann hervorschaut mit Augen aus Koks.

Rheinische Kalendertage

Weiße Inseln auf der Wiese, Schneereste
im März, in der Stadt die letzten Widerstandsnester.
Schwärme von Bergfinken besetzen
die zerzausten Gärten, und die Brücken
liegen im Wasser. Wer Rüben im Keller hat
und Briketts, hungert und friert nicht; Leiterwagen
unter Beschuß. Die Nachrichtenlage läßt die Krokusse
zögern, das Sauerland noch völlig verschneit. Kampflos
geben weiter südlich die Niederungen auf, und
die ersten Bauern finden Blindgänger beim Pflügen.

Kölner März

Der Blick in den Hof; die Türkenkinder wissen
von der Bombennacht nichts. Im Mauerdurchbruch
steht der Container; Efeu wuchert
zwischen den Rissen hoch. Die Jungens trugen
Winteruniform; im Geäst gegenüber blieb
eine Mütze hängen, der Rest einer Gardine.

2 / Der Stand der Vorarbeiten

Die Küste schien näher zu kommen, landeinwärts, und
in der Dunkelheit draußen wußten wir nicht, ob wir
uns täuschen ließen. Stille ringsum, wenig Bewegung,
wir bereiteten die Fortsetzung der Reise vor. Ob es
weitergeht, wir werden sehen. Jetzt hängt

der Rost in den Bäumen, und ich verschiebe
die nächsten Recherchen. Vergriffene Bücher.
Überwachsenes Gleisgelände, in das die Tonspuren
münden. Verwirrendes und zu viel, aber wenn es
um Nachrufe geht, sind es zu wenig. Es fehlt auch
die Arbeit, die zufriedene Gesichter hinterläßt, weil
man, endlich, aufgeräumt hat. Deshalb die Bilder
vom Strand, im Winter ein Strand, wo nichts
lange liegenbleibt. Das Geschehen, auch wenn man
es meint, ist nicht immer dasselbe, eigentlich nie,
wenn der eigene Körper beim Seitenwechsel mitmacht.

Wir werden sehen. Voraussichtlich ein knarrendes Fuhrwerk,
das aufreizend träg zwei Ochsen ziehen, und
mit den Ängsten hält die Langsamkeit an;
leicht einsehbares Gelände. Kein Traum hat
die Sache zu Ende gebracht; manchmal kam es nicht
weiter, das Muster der variierten Verläufe; dann schien sich
etwas zu öffnen, das aussah wie ein stehendes Gewässer.

Dabei war es anders. Es war ein Sommer und kein
Friedensvertrag. Die Äcker standen voller Tomaten.

Die Mädchen fuhren mit im Jeep. Die Luft war leer,
und gemeldet, in der surrealistischen Hauptstadt, wurde
ein Hitzeverbrechen. Irgendwo liegen die Karten,
die Skizzen, die so lange keine Bedeutung hatten,
keine Zukunft, bis ein paar Stimmen zum Speicher hoch

drangen. Dort hat das Haus sein Gedächtnis, nur wenn
du hinfaßt, hast du rote Finger vom Ziegelstaub.
Keiner kommt helfen, und dennoch, es geht um
Zusammenhänge und nicht um Beweise. Zweige
schwanken unter dem kleinen Fenster; es sieht aus
wie der Entwurf einer Schrift, die es im Nichts
der Luft versucht, mit Gesten, die zweifeln, aber
beharrlich sind. Egal, woher der Wind kommt, wenn
er nur ruhelos bleibt; Eisschollen, Planwagen
tauchen nicht auf. Aber die Wäscheleine

mit ihren Jacken und Hosen zieht eine Spur, die
nicht aufhört, auch wo sie aufhört
vor einer Holzwand... über die Augen legt sich die Hand,
und man ist sicher, man hat nichts gesehen.
Die Möwen, die vor den Fenstern auftauchen, gehören
woandershin, doch eine Kopfbewegung nach Westen,
und du weißt, anderswo springt die Zeit vor, der Morgen
telefoniert mit dem Abend, die Pässe will keiner mehr

sehen. Man war nicht dabei, und wo der Nebel nicht
hochgeht, sieht man im nachhinein auch nicht, was sich
in der Gegend verändert hat. Reisende
verlieren den Ortssinn, wenn sie lange und nachts
unterwegs sind. Die Namen, die auf der Zunge

liegen, fallen dir im Moment nicht mehr ein, und
das Gespräch wechselt zum nördlichen Stadtrand, wo

ein Traktor übers Rübenfeld geht. Schon wieder die Möwen,
wo kommen sie her ... der Strand endet in der Kiesgrube
unten, in den Spiegelbildern des Himmels, der sich hier
von der Küste getrennt hat. Der Wind schiebt
die Flächen des Lichts vor sich her; es geht rasch,
schattenlos, soweit die Ebene reicht. Nachmittags
Kinder. Losgelassene Drachen, bis hoch
in den Stillstand des Fliegens, der auch den Film
einer veränderten Gegenwart anhält. Ganz unten

steht verstaubt der Schulatlas im Regal; Kolonien,
Gaue, Provinzen, ein Bündel Ansichtskarten verwahrt
den abgetretenen Besitz, vor dem das Erinnern
zurückscheut. Oder wo fing das Niemandsland an,
die Ebene im Morgengrauen, wenn die erste Patrouille
aufbrach ... Die Schneespur blieb
das einzige Dokument, für ein paar Stunden, dann
brach auch diese Verbindung ab; im Studio
später mischten wir ein paar O-Töne ein, Windstöße,
Flammengeräusch, der röchelnde Kübelwagen. Einige Jahrgänge

kennen sich aus; die Sopranstimme fragt, was
Schneehemden sind; alle die abgelegenen Häuser
wurden durchsucht; Klavierspiel brach ab, als
die Terrassentür aufsprang. Jetzt weiß man im voraus
Bescheid, und Pfeile zeigen die Fluchtwege an.
Wir werden sehen. Der Wetterbericht ist schon da. Dann

ruft auch das Reisebüro an, ein bißchen verwundert, weil
uns noch eine Frage einfällt. Aber was meintest du
denn, als du von Häfen erzähltest, in denen
ein Stau von Flüchtlingen steht ... man kann doch
einfach durchs Land gehn, ohne daß man
ausgefragt wird. Und wir wissen
von früher, wie es weitergeht, wenn
sich die Augen an die Dunkelheit draußen gewöhnen.

3 / Die Kröten wandern

Zeitzeugen

Jetzt weiß man es wieder. Der Frontverlauf
zwischen Hückeswagen und Wipperfürth, Tiefflieger
über dem Niederen Fläming, im Vorgarten
das Maschinengewehr. Abends hat die erste Amsel
geflötet, und über die Terrasse schwebt
ein blaues Mädchenkleid. Den Großvater hat noch

der Volkssturm geholt; offene Fenster
und ein Koffergrammophon, Der Wind hat mir
ein Lied erzählt. Gewußt hat man gar nichts.
Ein paar Möbel im Regen, und nachts die Züge
hinter den Wäldern. Sommerwolken
bis zum Ettersberg; der Nachmittag vergeht

im Konfirmandenunterricht. Unendlich
die Chaussee; im Straßengraben brennt
der Kübelwagen aus, und Jenseits des Tales
standen unsre Zelte. Oder alles vergessen.
Die Akten im Keller, auf dem Speicher die Briefe,
jetzt kommen die alten Nachrichten wieder.

Neue Sachlichkeit

Da hat es gestanden, das Eckhaus
zwischen den Straßen nach Werne und Witten.
Stern Pils. Persil.
Die Straßen hat der Maler leer
gemalt, Winter 69.
Noch ein Name steht, vielleicht der Name
des Wirts, unlesbar über der Tür.
Der Maler Günter Senge lebt
nicht mehr, und man sieht keine Maler
am Ufer der Emscher.
Es gibt das Grau
des Himmels, der Häuser. Es gibt
vier Bäume, zwei Masten, eine Reihe Geländer.

Wetterbericht

Keine Leute gesehen. Zuhause
mache ich das Radio an ... es warnt,
Unwetter, Blitzeis etc. Draußen
war es so angenehm, milde, still
und leer in den Straßen.

Man sieht sich

Einige rauchen noch, gehen vor die Tür. Es heißt,
für die Jahreszeit ist es zu kalt. Der Wagen parkt
im Parkverbot, aber was soll man machen. Gestern
im Schnee ging gar nichts mehr. Braune Schuhe
nachmittags, schwarze Schuhe abends.

Manche sind zu Fuß gekommen. Wenn Sommer wäre,
stünden die Türen zum Innenhof offen. Man sagt,
die Hälfte des Lebens findet im Konjunktiv statt. Was
bleibt, wenn die andere Hälfte Erinnerung ist? Gestern
hatte es gar nicht geschneit. Eine Treppe tiefer.

Der Gastgeber wandert von Gast zu Gast. Die Meinung ist,
es bleiben die großen Sendeflächen des Abends. Edmund steht
vor der Tür. Fremde wollen herein. Man hilft sich, wenn
man sich kennt. Einige Namen, obwohl die Liste sie aufführt,
sind schon vergessen. Hallo allerseits.

Noch eine Rede, nervös wird die Küche. Beifall am Tisch,
Betretenheit in den hinteren Reihen. Wer später kommt,
weiß gar nicht, was los ist. Alles halb so schlimm, nur
im ersten Moment sieht das so aus. Alles kann man auch
anders sagen. Taxi kommt.

On verra, Zitat Ende. Eingeweihte wissen es schon,
jede Nacht Memphis. Den Rollstuhl holt ein Kellner
aus der Garderobe. Im Innenhof liegt jedenfalls Schnee.
Nicht wiedererkannt den ehemaligen Minister? In braunen
Schuhen, in schwarzen sein Fahrer.

Obstwiese

Wieder sind ein paar Äste nicht
durch den Winter gekommen. Die Birnbäume,
fast so alt wie das Jahrhundert.
Die wenigen Nachbarn können es nicht mehr
erzählen, und als sie noch lebten, erzählten
sie auch nichts. Die vergrabenen Flinten,
vielleicht liegen sie dort, wo
dünn das Gras auf der Wiese steht.

Man geht nicht

Der Tag wieder länger, bis in den späten Nachmittag
das glitzernd schmelzende Eis der Regentonne; nach Norden
werden Fluglinien kenntlich, du kannst dir noch
die Haare schneiden lassen.

Vielleicht ein anderes System, das die Phasen
des Wiedererkennens verkürzt. Benutzen muß man es
nicht, solange es hell bleibt und auf der Tonspur
das Knarren der alten Diele läuft. Und gelbe Türen
gehen auf, wie von allein, obschon der Wind
die Hand mit im Spiel hat.

Wassermühlen sind langsamer, sie hatten ihre Zeit. Der Unimog,
ein mächtiger Käfer im Hohlweg. Zögernd klappt man
die Chronik auf und wieder zu; die Waldstraßen sind noch
passierbar. Erst wenn die Kröten wandern, leitet die Behörde
den Verkehr um.

Die Kröten wandern. Die Fenster müssen gestrichen werden.
Es hat sich soviel in der Gegend getan, daß man gehen
möchte, aber man geht nicht und muß sich
zu den Vorschlägen äußern. Vom Herbst
stehen noch ein paar Bohnenstangen; der Name hier wie dort,
bis wo die Kompetenzen reichen.

Die Haare wachsen ja nach, und im Ernstfall heizt der Kohleherd
die Küche. Die Seitenfolge macht klar, wie das Wiedererkennen
verläuft, mit Seufzern unterlegt oder Stimmen, die fremd sind
und es anders erzählen.

Besuch

Bis mittags schon, es sind zu viele Stimmen,
obschon es nur die eine ist, die sich
ausgebreitet hat. Ein ganzer Haufen
auf dem Tisch, bald unter dem Tisch,
ein Gewucher von Zimmer zu Zimmer.

Besuch kommt. Wie sage ich, daß ich gar nichts
sagen kann ... alles geht durcheinander.
Der Besuch erzählt ganz harmlose Sachen;
nichts fällt ihm auf, außer, daß
hier auf dem Land es so still ist.

Erdbeben im Rheinland

Erst am nächsten Tag ... Wir gingen
durch alle Zimmer, suchten nach einem Riß,
nach Spuren der Vibration. Einige hatten etwas
gespürt, dieses unmerkliche Zittern. Und
die Katze war plötzlich verschwunden gewesen.

Auf den Dächern die Morgensonne. Nach Süden
zieht ein Kondensstreifen ab. Das Spendenkonto
auf dem Bildschirm hat sechs Zahlen; am Ostkap
verhungern ein paar Leute mehr. Am nächsten Tag
heißt es, keinerlei Schäden, Richterskala vier.

Spät in der Woche

Warum steht, aufgespannt,
der grüne Anglerschirm auf der Terrasse?
Hier ist kein Fluß, kein See, kein Meer,
kein Fisch auf dem Trocknen, kein Ufer.
Es regnet nicht. Es ist auch nicht heiß.
Es gibt überhaupt keinen Grund.
Umfallen wird er im Wind. Fortfliegen,
abstürzen über dem Autobahnkreuz.
Unübersehbar, und nicht vergessen,
seit Sonntag, einsam, steht, aufgespannt,
der grüne Anglerschirm auf der Terrasse.

4 / Rapporto straniero

Mittags kommt Leo zurück. Die Gäste im Haus
sind hinabgestiegen ans Meer. Er zieht sich um
und telefoniert und folgt den beiden Frauen
nach. Die Hitze nimmt zu; unmerklich dreht sich
die Terrasse von der Sonne weg; zugleich
fängt etwas Regen an.

Es war nicht so gemeint, gestern abend. Hat es
Verletzte gegeben? Nur einmal hat der Hund
gejault; sonst, eingesperrt im Hof, jault er
die halbe Nacht. Der Lärm kam
irgendwoanders her; vermutlich ein Traum, der
das Gewitter in der Frühe übersetzt hat
in die Seeschlacht vor der Küste.

Die Regenwolke zieht landeinwärts. Umgekehrt
entfernt sich das Meer, unterwegs zu einer Entdeckung,
die noch nicht gemacht und gemeldet ist. Den Wievielten
haben wir heute? Seit gestern wird nur einmal gefragt.

Granatäpfel, ein Teller Oliven. Das Telefon
in einem der hinteren Räume, die abgeschlossen sind.
Man weiß nie genau, ob einer in den Gewölben
herumspukt. Den Hund hat Micki mitgebracht, das heißt,
der Hund ist Micki nachgelaufen, tagelang,
als er mit der Gitarre unterwegs war. Schiebt man
die eisernen Stühle beiseite, folgt Stille nach wie
Mittagspause im Hof der alten Fabrik.

Die Wortliste schließt Bedeutungen aus, die
Besatzungszeiten berühren. Das Meer hat früher
Silber geliefert. Er blinzelt, der alte Capo, wenn er
die Engländerinnen kommen sieht. Die Flotte lag ein paar Tage
vor Anker, dann ging sie für immer verloren.

Nächstes Problem, wer heute die Küche aufräumt.
Die Tassen stapeln sich ungespült, und wie es aussieht,
steht ein Wetterwechsel bevor. Aufdringlich, diese Fliegen.
Barfuß fahren wird wieder Mode, und im Dunkel der Disko
tauchen Sonnenbrillen auf. Es kann schon ein paar Jahre
her sein; manchmal kommt ein Gedanke sehr langsam, oder
die Tür klemmt, bis sie aufgeht, plötzlich, wie
von allein. Zucker, Brandy, Zitronen, zum Kochen
das Gas, alles ist teurer geworden; Elektrokarren surren
die Gassen hoch. Wo sind die Wäscheklammern?

Der Horizont läßt den Vorhang herunter. Die Brandung
gischtet hoch bis an die Fenster der Bar. Ernesto zeigt
zum leeren Ecktisch. Keiner kannte ihn noch, den alten Regisseur,
der Junge Adler gedreht hat; zuletzt ein paar Folgen Derrick.
Andere Zeugen erzählen es anders, aber er hat am Ecktisch
gesessen, erst Bier, dann Champagner, bis
nach Sonnenuntergang. Tina öffnet um fünf. Wann
war der Todestag? Immer noch heute.

Die Ansichtskarten entweder gleich oder gar nicht. Es ist,
wie es sein soll; die Anderen müssen sehen, wie sie
zurande kommen. Der Hund jault schon wieder. Ob es
die Einsamkeit ist, falls der Hund weiß, wie
man's meint. Micki übt seine Riffs. Wieso Zitronen?
Leo bringt Hände voll aus dem Garten.

Die Eisenstühle sind grau wie draußen
das Torpedoboot, die Plastikstühle weiß wie im Hafen
die Jacht. Vielleicht kann man sich später
entscheiden; gestern fiel die Rotweinflasche um, morgen
soll es ein Geleitzug sein. Die Sache kann auch
anders laufen, und wer Bescheid weiß, kennt
den Höhleneingang hinter den Hibiskusbüschen.

Das Wetter wechselt jetzt stündlich, fehlt nur noch
Schnee. Die Regenfront steht so dicht, daß
für den Nachschub kein Durchkommen ist. Man bleibt besser
liegen, bis Himmel und Meer sich wieder trennen und
die Abreisenden, die auf den Koffern sitzen, abgereist sind.
Die Esel fanden den Weg von allein; seit auch das
vorbei ist, kommt keiner übers Gebirge mehr.

Wieviel pro Tag? Hinterher weiß man, wie es gemeint war,
nur zwischendurch wirft der Wind den Sonnenschirm um.
Dennoch, in manchen Nächten erscheint auf dem Meer
die silberne Straße, die für eine Weile endlos
und leer bleibt, und die Küstenwache kann solange
schlafen. Im Ernstfall weiß der Kiosk weiter, oder
man schaut, wer alles zur Bushaltestelle geht. Möwen
kennen vermutlich die Stellen, über denen sie kreisen.
Die Alten hier sagen ja nichts. Wo war's denn, als
die Galeere versunken, das Unterseeboot aufgetaucht ist.

Im Traum bleibt der Lastwagen stecken
im unwegsamen Gelände. Es war kein Traum, sondern
ein Ausweichmanöver der Ängste. Das Kartentelefon
nimmt die Karte nicht an; das nächste gibt sie
nicht mehr her. Wann geht die letzte Fähre?

Französische Zigaretten, nirgends. Man kann wieder
durch die Gasse gehen, die am Regentag ein Sturzbach war.
Hatte es denn geregnet? Der rote Kranz
der Pfefferschoten, ein Souvenir? Vielleicht, wenn
Tina öffnet und der Hustenanfall aufhört.

Also keine Ansichtskarte. Eigentlich schade, daß
so viele Kontakte abgerissen sind. Die letzte Zeitung
ist drei Tage alt, und die Küche ist jetzt aufgeräumt.
Fehlt was im Kühlschrank? Oft weiß man
nicht mehr, wie es gemeint war. Im Notizbuch sind es
ein paar Vokabeln in der Landessprache, dazu
die Liste ausgesuchter Höflichkeiten. Die Flotte
ging nur vorläufig verloren, und was da vormittags
aufkreuzt, zeigt die Flagge des Bündnispartners.

Geht etwas kaputt, Maschendraht
hält das Gebirge zusammen. Die Taxis kommen
mit drei Rädern aus; von sieben Leuten bleibt
auch der siebte nicht stehen. Schon Seite zehn
geht der Rolladen runter, bevor der Kellner
das Zimmer der Lady betritt.

Micki läßt den Hund heraus; gleich hat er
die Terrasse verwüstet. Es kommt noch schlimmer. Man versteht
aber nichts, solange der Hubschrauber über dem Strand
steht. Bis zuletzt fragt man sich, ob es besser war, nicht
darüber zu reden. Jedes Interview führt
in ein Minenfeld. Wenn es um Turnschuhe geht, handelt
es sich um die Tennisschuhe; dann stimmt beides nicht,
und über Nacht ist die Spur auf dem Sandweg

verschwunden. Wer nicht dabei war, stellt eine Reihenfolge
zusammen, aber zu viele haben den ersten Fehler
gemacht, und Weintrauben haben sie alle gegessen.

Der Herr mit seinen Travellerschecks, er kommt
aus einem Roman der fünfziger Jahre angereist. Wasser brachten
die Tanker vom Festland mit. Landsleute fallen auf,
wenn sie den Müll zu trennen versuchen. Die Sonne steht
jetzt so tief, daß die Sandkörner Schatten werfen.

Was soll ich zuhause sagen, sagt die Dame
am Nebentisch. Jahrzehntelang kommen Gäste, die Ernesto
mit Handschlag begrüßt; die Ältesten zeigen
nach Norden, wo die Front bis zuletzt hielt und Feldpost
noch abging. Der Reisebericht erwähnt
ein paar Bergdörfer nicht; man regt sich auch nicht mehr
auf, wenn die Jagd auf Singvögel geht.

Wenn nicht der Hund, dann die Gitarre. Micki
macht klar, daß er Michelangelo heißt. Im Notizbuch
kommen Vokabeln vor, für die es keinen Zusammenhang
gibt. Wie es gemeint war, ist nicht mehr so wichtig,
wenn erst sich das Wetter beruhigt. Bericht und Lage,
kein Zweifel, stimmen am nächsten Morgen überein.
So früh schon die Dämmerung, und die Thermen
werden täglich leerer. Die beiden Frauen sind auch
wieder da, und Leo bringt frische Seemuscheln mit.
Er zieht sich um und telefoniert, und man sieht,
wie sich die Terrasse weiter in den Schatten bewegt.

5 / Küchenfenster mit Seeblick

Gartenbild

Den Ball hat mein Enkel
in die Regentonne geworfen. Danach
ist der Regen gekommen; stundenlang
hat es nur so geprasselt. Jetzt
ist die Regentonne randvoll, und
auf der Wasserfläche schwimmt der Ball.
Ein blauer Ball, dem der Junge
zusieht, wie er im Wind hin und her
übers Meer treibt. Nicht weit
kommt der Ball; immerzu berührt er
und stößt ihn zurück eine Küste.

Vergißmeinnicht

Skizzen, kleine Formate,
die man noch unterbringen kann.
Die meisten Wände
sind zugehängt, und wer stehen
bleibt, geht gleich wieder weiter.

Anrufbeantworter

Zu spät vielleicht; da liegt noch
die Einladung, aber als die Stimme vom Band
kam, legte ich gleich auf.
Früh dunkel in den Zimmern. Im Stall ist es
warm, wärmer als in der Scheune; im Kellergang
steht der Apfelgeruch. Mit jedem Satz
beginnt eine andere Zeit, und wie es war,
als elektrisches Licht in die Häuser hier kam,
der kleine Junge weiß es, der jetzt
der alte Nachbar ist. Er weiß auch, daß nichts
passierte, wenn man nichts hörte, und besser,
man hielt den Mund. Zu Fuß in die Stadt
ging man den halben Tag; ein paar Mal sah es aus,
als würde der Himmel brennen. Noch immer die Stimme
vom Band, und ich weiß nicht, was soll ich sagen.

Die Aussichten

Draußen, wie sieht es aus,
der Regen heute
hört nicht mehr auf, riesig
die Pfütze rückt näher,
noch näher ans Haus,
Küchenfenster mit Seeblick.

Meldung

Hier ist eingetroffen der plötzliche Sonnenstrahl,
zwischen den Pfützen, die seit Wochen
eine Seenplatte bilden vor dem Küchenfenster,
und jetzt hat sich ausgedehnt
der Riß in der schwarzen Front des Himmels.

Was du siehst

Kurz drehen Scheinwerfer sich
durch die Kurve, und für Sekunden ist
das Zimmer hell. Dann siehst du
an der Wand den Schatten des Baums,
der kahl steht in diesem Sommer.

Was ist denn los

Alles verwirrend, was herein will
an diesem Vormittag ... Winterideen, glänzende Paraden,
die Stimme des Landfunks, Coventry, Regen.

Und noch ist der Traum nicht verblaßt
von der Sitzecke im Supermarkt, gleich hinter
der zweiten Kasse, wo der Stammplatz von Kundinnen ist, die
sich über das Auftauchen unbeweglicher Fremdkörper wundern.

Die Mütze hängt auch nicht am Haken.
Mit anderen Worten: überleg es dir zwei Mal, besser noch,
drei Mal, bevor du den Hörer abnimmst. Oder
du fängst noch einmal von vorn an.

Wie weit du heute kommen wirst, draußen siehst du
nur tiefliegende Wolken; zwischen Fenster und Horizont
pendeln die Äste des Kirschbaums.

Dorfrand mit Tankstelle / 1

Jetzt ist Juli, und es ist heiß
wie im Juli, sagt Moritz der Tankwart.
Im Winter macht die Waschanlage nur Verlust.
Staubfahnen ziehen hinter dem Landrover her,
der den Feldweg verläßt. Wenn der Bauantrag
durchkommt ... der Eigentümer wiegelt ab.
Natur bleibt Natur. Moritz sagt, früher
war der Tankwart der Tankwart. Dropsrollen,
Kaugummi und Gummibärchen, morgens
die Remittenden ... man kann es,
sagt Moritz, nicht sehen, aber das Benzin
ist da. Im Winter die Winterreifen, sonst
zahlt die Versicherung nichts. Der Landrover
rollt in die Waschanlage und zieht
die Antenne ein. Hinterher kann alles
zu spät sein, sagt Moritz, und früher
gab es eine Tränke hier für die Pferde.

Garten am Stadtrand

Der Mann hinterm Zaun mäht seine Wiese.
Er mäht mit der Sense, wie früher, als es
noch keine Rasenmäher gab. Jetzt schleift er
die Sense mit einem Schleifstein, und während
das Sensenblatt blitzt in der Sonne, geht
durch die Straße ein fremdes Geräusch.

6 / Unbekannte Pilze

Es hörte sich an, als rollte der Jeep
in den Hof. Ich rannte zur Tür ... aber da war
nichts.
  Dies sind die Sätze, die ich schrieb, bevor
du nach Hause kamst. Nein, keine Störung.
Oder doch. Aber sie gehören dazu, diese Unterbrechungen;
die Stille liegt manchmal zu schwer auf dem Tisch.
              Die Pilze
ragten noch nicht aus der Wiese, als du davonfuhrst. Riesig
und dicht wie ein Ballungsgebiet, in dem die Neubauten
wuchern. Jetzt staunst du über das ganze Projekt
und hast auch keine Ahnung. Nicht wahr, ein surreales System,
die Lage nicht im Griff. Wie kommt man da durch ...
              das Gutachten
liegt noch nicht vor; umkrempeln soll sich ja alles
in der Umgebung.
  Nun pack erst mal aus.
Viel zu erzählen. Was wichtig ist und was nicht, es können
Jahre vergehen, bis man es weiß. Soll man so lange
warten? Der Schatten des Schuppens taucht erst auf, wenn
die Geschichte den Schuppen, den Schatten braucht. Auch
die Wäscheklammern, die belgischen Seebäder, die Strohsäcke
und Straßenbahnfahrten sind noch nicht an der Reihe.
              Kurzfristig
fällt uns nichts ein. Das war einmal anders.
  Anders
war alles? Bitte genauer. Ein Seufzer macht die Garage
nicht auf. Oder geht es um Rentenbeiträge, die Genforschung,

Namen in der Kartei ... so viel gibt es nicht
darüber zu sagen; man ist nur verwirrt, weil auch
gesichtete Spuren Täuschungen sind und das Gespräch
so oft abbricht, berührt es nur den Rand des Geschehens. Länger
als drei Minuten, schon stürzt die Quote ab, und
wenn einer noch kommt und herumsteht, kann er auch gleich
wieder gehen.
    Trotzdem. Beteiligung ist angesagt. Ich gebe
mir alle Mühe. Vielleicht macht das Gutachten klar, wie
und wo die Befindlichkeiten liegen. Draußen
im Stall hängt die Jacke, die alles schon
mitgemacht hat, den Herrenabend, die Nacht auf dem Bahnsteig,
den Straßengraben, den Regen. Ein paar alte Sachen
fehlen, wie immer, wenn ein Beweis fällig wird, daß man
dabeigewesen ist. Nicht so oft, und dazugehört haben wir
eigentlich nie; für ein Interview reicht es.
    Lassen wir besser
die Pilze stehen; das Lexikon kennt sie auch nicht. Offen
steht die Garage; man muß es mehr als einmal
versuchen, und es war nicht für immer, als du
davonfuhrst.
    Aber die Sätze sind anders verlaufen. Nach Plan
verläuft hier gar nichts mehr. Der Seitenwind drückt
die Tür wieder zu, und trotz aller Mühe, ich kann
den Schraubenzieher nicht finden. Die Leute
werden sich wundern. Die Umgebung verhält sich noch
ruhig, und ob es so bleibt, entscheiden wir nicht.

7 / Der Tankwart weiß Bescheid

Sommerabend

Jemand erzählt, wie er den Hanomag fuhr.
Tiefflieger, gleich brannte er aus. Drei Monate
im Straßengraben, dann trommelten im Wind
die Birnen auf den Schrott. Schöner Abend,
noch ein Rest in der Flasche. Die Tochter,
wenn das Telefon geht; sie wird den Stand
der Ehekrise melden. Die letzte Maschine
biegt überm Haus in die Einflugschneise. Lange
danach bleibt es still. Auch keine Zukunft,
später der Borgward. Er taumelt und kreiselt;
er schlägt, der Nachtfalter, gegen die Lampe.

Was sein kann

Nichts Verheerendes; in der Nacht
sind ein paar Tropfen gefallen. Die Reiseleitung
macht mobil, und der Hubschrauber
über dem Autobahnkreuz dreht ab. Du kannst
die Stühle im Garten lassen.

Alles Gerede. Auch der Anwalt wiegelt ab;
der weite Horizont, die nächste Instanz. Global
sieht jeder Apfel aus, und wenn die Verkehrsdichte
zunimmt, wir holen den Waldweg aus der Reserve.

Etwas kann sein, wie damals, als in der Nacht
ein Fahrzeug vor dem Hoftor stand. Wie immer
eine ruhige Nacht, vor dem Hahnenschrei, den Amseln.
Muß aber nicht. Keine Bewegung gemeldet, und
was du hören kannst, ist der Aufschlag des Apfels.

Für nachmittags

Die Astern oder der Kunstverein, man will es schon
genauer wissen. Nachmittags vielleicht, wenn
die Schatten länger werden und der Pfeifton aufhört,
der aus einem der oberen Fenster kommt. Du kannst
auch das Thema wechseln, Motive suchen jenseits
des Gartenzauns, hinter dem der Horizont beginnt.

Ein paar alte Lebensläufe hängen im Schrank, und
geht man der Sache nach, hört jede Geschichte
mit dem Anfang der Zweifel auf. Wer saß denn
am Tisch, der auf dem Foto kein Tisch, sondern
die Seefläche zwischen den Pappeln ist. Datum
korrekt, aber dann fehlt die letzte Adresse, und
der Name sagt einem nichts. Der Pfeifton
bricht ab. Männer treten ins Bild; ein Hut fliegt
übers Feld, von Anfang an die Hagebutten leuchten.

Nur hörst du vom Kunstverein nichts, falls es
der Kunstverein war. Oft melden sich Stimmen, die
Täuschendes sagen, aber glaub' mir, die Fledermäuse
gestern abend waren echt. Die Astern brachten wir mit
aus Bornim, als die Landkarte und der Verlauf
der Chaussee wieder stimmten. Soviel ist sicher, und
mit Stille und Schatten kann der Nachmittag kommen.

Dorfrand mit Tankstelle / 2

Gestern. Der Benzinpreis. Alles war gestern,
sagt Moritz der Tankwart, Krieg und Antikrieg.
Er schaut auf die Straße und hebt den Arm, als
der Traktor vorbeikommt und der Fahrer
den Arm hebt. Wir leben vom Öl, oder
wir sterben. Der Mais hat noch Zeit.

Aber der Roggen steht kurz. Zu kurz
steht der Roggen. Der Traktorfahrer hält und holt
sich ein paar Pflaumen vom Baum. Die Wiese
läßt er liegen. Die Wiese liegt verdorrt.

Brüssel warnt. Die Eifel fängt den Seewind ab.
Der Osten baut keine Wolken mehr, und drüben
stehen alte Leute am Zaun. Der Schatten des Giebels
wandert, bis er stürzt in die offene Scheune.

Morgen ist Dienstag. Bis dahin bleiben die Ziffern
stabil. Moritz legt den Hörer auf und sieht
den Pickup in die Einfahrt biegen. Die Möhrensäcke
für den Reiterhof. Der Tankwart weiß Bescheid:
Früher Kavallerie. Alles war früher, das Morgenrot
auf den Wiesen, Patrouillen unter den Pflaumen.

Tabakblätter, Dahlien

Wo seid ihr denn alle ... ewig die Stimmen
vom Tonband. Gestern Regen, der unterste Tabellenplatz,
Regen heute, das wären die Neuigkeiten von hier, falls
einer in Saloniki Bescheid wissen will.
                                              Die Dahlien
dämmern weg hinterm Zaun; vor langer Zeit las ich, daß es
die Dahlien des Aufruhrs sind. Damals
zögerten wir; die Tage fingen triste an, und wer
weg wollte, fuhr mit der Vorortbahn
in den Vorort.
                        Fast alle Fehler
haben sich wiederholt, ganz gleich, ob Methoden, Klamotten,
Textsorten und Trainer wechselten. Abends ein Cognac,
ein Unentschieden vielleicht, im Nachtprogramm
der Rückruf aus dem Damals –
                                              Die Dahlien
haben Zeit bis zum Frost, dann wandern in den Keller
die Knollen. Alles überlebt. Die Tabakblätter hingen
im Speicher, und wachliegend hörten wir Rascheln, wenn
der Wind durch die offene Dachluke ging.

Sachsen-Anhalt

Nachmittags ein paar Dörfer. Dann stand
eine silberne Leiter im Pflaumenbaum
am Rand der Chaussee nach Göddeckenrode.
Wo hier die Grenze verlief ... der Landsmann
auf seiner Leiter bewegte vage im Halbkreis
den Arm, und ich fuhr weiter in der Gegend herum.

Wer es weiß

Montags, die Nachrichtenmagazine. Die Bienen
fliegen nicht, es ist zu kalt. Monique
steht wieder im Laden, froh, daß sie
hinter sich hat die holländische Küste.

Nichts mehr wie sonst; jetzt platzt auch
dem Trainer der Kragen. Wer kommt
für die Kücheneinrichtung auf? Das Reh,
das überfahrene Reh, es war schon vorher tot;
er hat es verschwiegen, der Förster.

Noch einmal Telefon, es geht um die Küche.
Ein bißchen, mittags, hellt der Himmel auf,
und die alte Flurbezeichnung stimmt. Dann
aber steht der Zaun falsch; er steht falsch
seit Jahrzehnten. Die Scheidung läuft.

Schachbrett, Kröten, Lilien, und dann auch noch
die Klassenfahrt. Im Garten Chaos, obschon
die Regeln eingehalten werden. Kein Parkplatz mehr,
der Laden voll, und weiter werden Dementis gebraucht.

Alte Straßen

Ein paar dieser Straßen, du hast sie
gesucht und gefunden. Meine Angaben waren
genau, die Beschreibungen stimmten. Nur,
sagst du, die Straßen waren kurz und so eng,
niedrig die Häuser, keine Lücken dazwischen, und wo

dehnte Gartengelände sich aus ... ich weiß, du hast
die riesigen Räume erwartet, in denen das Kind
unterwegs war; es dauerte fast einen Tag bis
zur Straßenecke, an den Zäunen vorbei. Du sagst,
es gibt keine Zäune; es gibt auch die Böschung

nicht, wo die Granate einschlug ... richtig, ich hatte
Artillerie erwähnt. Und dann erzählst du,
wie dunkel es in den Straßen war. Das wundert mich,
oder auch nicht. Dunkel war alles, die ganze Stadt,
nur ein paar Scheinwerfer tasteten den Himmel ab.

Der Rabe

Vielleicht eine Stimme, ein Tonfall, den keiner
mehr hören kann ... Schlußmachen
will man ja nicht. Der Rabe kommt wieder
und wieder zurück, bis zur Dämmerung gibt er
nicht auf. Noch eine Stimme, die
es versucht und versucht. Die Farben blättern
langsam ab, die auf ein paar alten Schlagläden
leuchten. Der Mähdrescher unten im Tal
ist verstummt, und die Maisfelder sind jetzt leer.

8 / Radio im Geländewagen

Obstbäume, taunasse Wiesen. Über Nacht
sind Äpfel gefallen, die Bomben des Oktober.
Das Licht bleibt flach, bleibt liegen
zwischen Gärten, in denen die Geschichte
der Sonnenblumen zu Ende geht. Ruhiger Himmel;
die ersten Maschinen sind weitergeflogen. Einzelne Meisen
machen sich an die Arbeit; Wespen klettern
aus ihren Erdlöchern hervor.
      Der Schnitt geht mitten
durchs Land, als die alte Landkarte
auftaucht. Schatten wandern über den Gartentisch,
und das Geschirr klirrt. Die Wiese liegt still. Jetzt
kannst du weitererzählen.
     Die Staubschicht
auf den Einmachgläsern, die der Dachdecker
unter den brüchigen Ziegeln entdeckt; die Schrift
des Pflichtjahrmädchens ist die Sütterlinschrift
für Stachelbeeren, Kirschkompott.
       Es bleibt unter uns,
was wir gesehen haben? Die Scheune ist halb
abgebrannt, die Scheune auf den Photographien
mit Uniformen im Sommer; der Flakhelfer
ist mit dem Fahrrad gekommen.
      Erst jetzt
biegt der Postbote in den Weg ein, der
zu den alten Gehöften führt. Der Feind kam
aus der Ebene geritten. Versprengte Reitertrupps, die
zwischen den Scheunen auf Widerstand stießen. Wie

war der Name? Die Adressen der Angst
sind abgewandert, und was noch an Wald steht,
steht schweigend und schweigt. Du kannst
ein Stück bis zum Bach gehen, zum Wasserholen,
zum Schulweg; Flugblätter sind auf den Schulhof
gefallen, für die heimliche Zeit in der abgedunkelten Kammer.
Oder war es die Märchenstunde, und der Nebel
stieg aus dem Tal, und im Fernglas verschwamm
der Punkt, auf den es ankam ...

                        Es kommt
auf ausgeglichene Bewegung an, sonst sticht die Sense
die Erde oder schneidet die Luft. Es nähert sich
ein aktuelles Programm, auch wenn der Sonnenschirm
die Sicht verstellt. Der alte Nachbar weiß Bescheid,
nickt über den Zaun.

                   Ein früher Winter vermutlich,
weil die Linde schon reichlich Blätter abgibt? Jetzt
drückst du die Knöpfe der Wetterstation; im Display
erscheint der weiße Kondensstreifenhimmel. Vielleicht
eine Feuerwehrübung, Kartoffelfeuer vielleicht. Da liegen noch
Briefe vom ersten Familienkrieg, vom Blitzsieg der Täuschung,
obschon die Verhandlungen weiterliefen. Draußen
ist immer noch Ruhe, und wenn du nachhören gehst, spricht
nur das Radio im Geländewagen.

                       Die Frage nicht ob,
sondern wann. Der Traktor zieht über die Wiesen,
das dritte Mal Heu; das Gras gibt nie auf, als wachse
und wachse es wie Zeichen der Gewissheit, die so
auch, kreisend über den Reifenspuren, der Krähenschwarm
kennt. Wörter von früher fanden den Trost
der Sichtbarkeit vor, und Tote dementieren nicht,

wenn man sie zitiert. Etwas zum Weitererzählen, oder
man steigt in den Keller und sucht die Regale
nach Vorräten ab. Trocken und dunkel liegt
die Erfahrung, aber zum Anfassen hat sie nichts
hinterlassen. Alle paar Wochen der Sperrmüll.
Der Möbelmarkt in Bewegung. Die Toreinfahrt voll
Wespen und zerquetschter Pflaumen.
                                    Warum noch
die Briefe, du liest sie ja doch nicht. Getrennte Gräber,
an Reisemöglichkeit war nicht zu denken; Birkenwäldchen
standen zwischen den Gleisen. Die Truhe kam
aus dem Hühnerstall, und die Mutter kratzte hervor
das achtzehnte Jahrhundert. Und wieso siehst du
den Zusammenhang nicht?
                            Nun ja, es war auch
ganz anders. Am nächsten Morgen Hochnebel; die Maschinen,
die man nicht sieht, kann man hören. Die Tankstelle
hat die Reifen gewechselt; der Wagen nimmt wieder
sicher die Kurven ins Dorf. Unterwegs spielt die Orgel
Nicolaus Bruhns. Viel hat sich nicht getan, nur
geht es nicht mehr, daß du den alten Pullover
trägst. Dennoch, du trägst ihn, auch wenn der Weg
zum Fußballplatz jetzt der Parkplatz für
das Stadion ist. Immer noch Kreisklasse A? Kreisliga A,
pardon, mittlerer Tabellenplatz. Das Maisfeld gegenüber
raschelt; vereinzelt tauchten Fallschirmjäger auf, als
weiter nördlich sich die Zange schloß.
                                        Der Schulatlas
hatte von nichts eine Ahnung. Die Erdkunde blieb
neutral, von ein paar Wirtschaftsräumen abgesehen;
im Haus des Konsuls Tigerfelle aus den Kolonien.

Gartenweg mit Sommerkleidern; der rote DKW
taucht ein ins Meer der Weizenfelder, Reichsstraße 1,
das Fuhrwerk aus der Eifel, das Postauto
nach Königsberg. Bleib dran ... das Fräulein
vom Amt versucht es weiter; Namen nenne keine,
Feind hört mit; im Morgengrauen, unerwartet, ist
Besuch gekommen.
                    Du kannst noch liegenbleiben
im Garten, sonniger Herbsttag, das Bohnengestrüpp
rupfen wir später aus. Gurken wachsen keine
mehr nach. Wenn, dann geht es hoffentlich schnell.
Dein Fernglas kannst du vergessen; der Bildschirm zeigt
den Punkt, auf den es ankommt ...
                                  Bewegt er sich
falsch, hat auch der alte Nachbar keine Chance, ganz gleich,
ob sein Häuschen unversehrt geblieben ist. Der Flakhelfer
lebte noch lange, und wenn der Frost nicht zu früh kam,
wucherte bis November die Zäune hoch
die Kapuzinerkresse. Der nasse Fleck an der Wand?
Die Regenrinne muß undicht sein. Seit Tagen regnet es
nicht. Nicht ob, sondern wann. Vielleicht der Marder. Vielleicht
der Waschbär; er taucht ja auch in unsrer Gegend auf.
                                        Nächste Woche
fliegen wir; Berichte kommen aus dem Süden.
Falls wir nicht bleiben. Der Außenminister telefoniert
noch. Der Zweitschlüssel hängt am Nagel, falls
das Vogelfutter ausgeht; wir füttern auch im Sommer,
der Reihenfolge wegen, die jeden Morgen
eine andere ist. Der Rucksack lag immer gepackt, mit
Zeltbahn und Decke; am Bahnhof immer eine Stunde
zu früh; den Reisepass will keiner mehr sehen. Ruf

trotzdem mal an. Ein paar dieser Ticks
sind hängengeblieben, und früher das Hoflicht
ging nicht von allein an.
                      Was soll denn sein ...
Die letzten Äpfel hängen noch im Baum; daß sie, ob Wind
oder nicht, irgendwann fallen, entscheidet die Agentur nicht,
die auf die Nachricht wartet. Die Chronik kommt
durcheinander, weil gleichzeitig so viel los ist;
das andere Ich, das den Tagtraum erfindet,
weiß nicht weiter. Was geschieht mit
den Hunderten Meter Meldung, für die in der Sendung
kein Platz ist, und wie viele Sender hörst du?
Taunasse Wiesen, ruhiger Himmel. Sieh nach, ob
noch Kaffee in der Kanne und auf dem Gartentisch
alles in Ordnung ist. Gestern ist immer noch
heute, und wir fangen nicht von vorn an.

9 / Spiegeleier, Blattspinat

Septemberanfang

Kein Krieg. Die alte Frau
zieht nur den Kopf ein, weil
sie hört, wie ein Apfel
krachend durchs Geäst schlägt.

Unter den Kranichzügen

Später September; die Länge der Schatten
nimmt zu, aber die Tage beginnen
jetzt glitzernd, der Nachttau
läßt seine Perlen liegen.
Was ich suche ... es ist nur
eine alte Adresse im Süden. Du kannst
ruhig zum Einkaufen fahren, du weißt,
um die Mittagszeit sind die Parkplätze leer.

Wie und wann

Telefon, der Traum reißt ab. Konntest du nicht
eine halbe Stunde später ... jetzt stehe ich
mitten auf der Treppe und weiß nicht, ging es
hinauf oder hinab.
      Eine halbe Stunde später.
Der Häher kommt aus dem Vogelhäuschen hervor. Es ist
so klein, daß ein Häher gar nicht hineinpaßt. Eben
hat es wieder geregnet, und du hast mir noch nicht
gesagt, wieso du alles schon weißt. So kalt
ist es ja nicht. Die Hälfte der Kapuzinerkresse
lebt noch, dort, wo die Böschung die Biegung
nach Süden macht.
      So kalt ist es nicht. Wenn es
blitzt an den Rändern, ist es die Netzhaut. Die Wahrheit
kann warten, du weißt, wie voll unsere Schränke
sind, die Regenfässer, die Säcke mit alten Papieren.
Nur wie es anfing, ganz langsam, und wann, das ist
jetzt schwer zu sagen.
      Die Säcke mit alten Papieren
tauchten gar nicht auf, die Geschichte ging anders.
Ein Fuß hing noch im Graben fest, der Leiterwagen
rollte weiter. Die meisten in der Familie
waren sich einig: darüber sprechen wir nicht. Tatsächlich,
wieder der Häher, und er schafft es. Und noch
ein Geräusch, das sich anhört wie nach alten Papieren,
und weiter geht es ja auch, hinauf oder hinab.

Dorfrand mit Tankstelle / 3

Die Hügel sieht man heute nicht, drüben
mit Friedhof und Sportplatz die Hügel.
Du mußt die Gummistiefel anziehn, falls du
über die Wiesen willst. Kannst du gehen
mit deinen Schmerzen? Der Briefkasten
wird morgen geleert, der Briefkasten vor dem
Gebäude, das früher einmal die Post war. Oder
soll ich dir eine Birne schälen? Der Nebel
reicht bis zum Dorfrand, und sieht man
die Straße nicht mehr, dann sieht man,
sagt Moritz der Tankwart, das Nichts.

Interview

Das sind dann so Sätze, die man
nicht gesagt haben will. Dabei ging es um
Spiegeleier, Blattspinat; von einer Krise
war gar nicht die Rede. Jetzt geht man
nicht mehr ans Telefon; man weiß selber
nicht, wo man sich gerade aufhält.

Bleiben die Fragen, was man wirklich
gesagt hat. Einige Wörter, die man nicht kennt,
fallen aus; manche nimmt man gar nicht
erst in den Mund; viele hat man vergessen.
Man weiß nur, der Blattspinat lag im Kühlfach,
die Eier kommen von freilaufenden Hühnern.

Die Maus

Geisterhaft, die Stalltür
öffnet sich um einen Spalt.

Tatsächlich, sie hat es geschafft,
die große Maus, die ganz

klein ist, wenn sie durchkommt
zwischen den Drähten der Falle.

Wiedersehen in der Stadt
für ein Plakat der Literaturhäuser

Plötzlich, nach all den Jahren, sieht man
sich wieder. Komm, wir haben uns viel
zu erzählen; die Kneipe von damals
ist gleich gegenüber. Du hast keine Zeit?

So geht es mir auch ... nie hat man
Zeit. Irgendwann sind wir zu alt. Die Kneipe
hat dann zugemacht, und wenn wir uns noch
erinnern, fallen uns die Namen nicht ein.

Um was ging es denn

Den Sommer über habe ich ein Buch gesucht. Jetzt
liegt es vor mir auf dem Tisch; es hat angefangen
zu schneien. Noch immer begreife ich nicht. Draußen
blühten und reiften die Kirschen, dann holten sie
die Vögel vom Baum, ich stellte das Haus
auf den Kopf, alle paar Wochen. Seit heute
ist das Buch wieder da; die ganze Zeit lag es

neben mir im Regal. Es war eine höllische Zeit.
Jeder Tag dehnte das Nichts aus, diesen Raum
des Verschwindens. Nachts schienen Stimmen
zu flüstern, die Stimmen des Buches
und seiner Botschaft, die ich den ganzen Sommer lang
brauchte. Um was es ging ... es hat sich erledigt,
ich weiß es nicht mehr, und es schneit weiter.

Gegen halb fünf

nachmittags im Dezember kam plötzlich die Sonne
hinter der Wolkenwand hoch

eine Weile telefonierten wir
du hattest im Gang stehen müssen
im überfüllten Intercity bis nach Hannover
was war denn los

das Landschaftsbild gewinnt an Tiefe
wenn das Licht sich ausbreiten kann jetzt
immer noch in den leerstehenden Wäldern

wir sollten doch zusagen vielleicht sogar kommen
nun ja sagte ich die Stadt ist so entrückt
verstopft die Autobahn ab irgendwann
du weißt auch wenn du's nicht wahrhaben willst
gehört man nicht mehr dazu

die Einstellung regelt sich automatisch
so rasch die Rehe über die Straße wechseln
vor Wildunfällen wird gewarnt

gleichzeitig gegen halb fünf stand auch der Mond
überm Birnbaum unterwegs nach Nordosten

10 / *Die Spuren des
wiedergefundenen Heimwegs*

So war es, wie du erzählst, aber dann
sagtest du: alles war anders. Was
macht es aus ... Auf der Landkarte
kommt der Sandweg nicht vor, der am Saum
des Kiefernwaldes vorbeiführt, und wenn du
dein Weitergehen beschreibst, entstehen
die Spuren des wiedergefundenen Heimwegs.

Oder ist es ein Zaunrest, der Verlauf einer Grenze,
die unveränderbar erschien ... Vergessen
war nichts, aber die Gespräche wendeten sich
der Wetterlage, Küchenkräutern, Spielverläufen zu.

Vertraute Umgebung. Ein zerlöchertes Ortsschild;
im Straßengraben leergeräumt der Kübelwagen.
Hier war die Mitte, von der die Stille ausging.
Kurz blieb der Sommer stehen; eimerweise Kirschen.

Dann weißt du es wieder, nach einer Korrespondenz,
die der Traum in langen Fortsetzungen schrieb.
Du reist Versäumnissen nach, und den Anfang
macht ein Geräusch, das hinter den Kiefernwäldern
sich hinzog. Der Blick auf den Sandweg
ging durch ein Fenster, das den Himmel
im Norden berührte, aber dann schien die Himmelsrichtung
verdreht, als die Zukunft sich drehte, mitten
im Landstaub auf einer Chaussee.

Der Rückweg durch ein Jahrhundert ... Das Kind
im Rauch der Bimmelbahn; der Schatten
eines Zeppelins. Als die Vorgärten blühten, gingen
die Türen der Baracke auf; die Bremsspur
des Fahrrads endete vorm Schlagbaum.

Und der Regen blieb weg. Du gingst hinaus
die Scheune aufräumen; die stille Zeit
für Selbstgespräche, Rückbezüge,
die ein paar Dinge in der Nähe hielten,
das Bleibende von Ofenrohr und Sägebock;
die Leiter hoch ins Sternenfeld reichte
für den Birnbaum.

Bald pfiffen schon wieder
die Züge, und im Nebel tauchten die Fahrräder
der Frühschicht auf. Übers Dach waren nachts
die Gänse geflogen; ein heiserer Sog
zog die Sehnsucht mit ... Sie zögerte
an der Haustür, bis es zu spät war.

Die Unruhe blieb, und aus der Ferne
näherten sich Stimmen, mit denen keiner mehr
gerechnet hatte. Im Garten nebenan ein Radio,
aber das war es nicht; es gibt im Gedächtnis
die Räume, die leergemacht schienen ... Nur sah
keiner nach, der zufällig vorbeikam.

Du kannst es anders erzählen. Im Feld unten
liegen noch Waffen vergraben, vielleicht hinterm Hügel,
wo im Wind die Feuerbohnen schaukeln. Es gibt, seit Tagen

gibt es keinen Wind. Vielleicht, weil der Schmetterling
atmet, bewegt sich die Luft und ändern
die Abendmaschinen den Kurs. Als ginge die Landschaft
verloren, so trostlos hast du gesprochen, aber
das stimmt nicht, und du weißt es, die ganze Zeit,
in der du am Zaun stehst und siehst,
wie aus dem Bild einer Küste eine Küste entsteht.

Inhalt

1 / Winterbilder 5

Der Brief 7
Winterblicke 8
A mind of winter 9
Die Lage im Februar 10
Sheerness-on-sea 11
Alte Gegenden 12
Winterbild 45 13
Rheinische Kalendertage 14
Kölner März 15

2 / Der Stand der Vorarbeiten 17

3 / Die Kröten wandern 23

Zeitzeugen 25
Neue Sachlichkeit 26
Wetterbericht 27
Man sieht sich 28
Obstwiese 29
Man geht nicht 30
Besuch 31
Erdbeben im Rheinland 32
Spät in der Woche 33

4 / Rapporto straniero 35

5 / Küchenfenster mit Seeblick   43

Gartenbild   45
Vergißmeinnicht   46
Anrufbeantworter   47
Die Aussichten   48
Meldung   49
Was du siehst   50
Was ist denn los   51
Dorfrand mit Tankstelle / 1   52
Garten am Stadtrand   53

6 / Unbekannte Pilze   55

7 / Der Tankwart weiß Bescheid   59

Sommerabend   61
Was sein kann   62
Für nachmittags   63
Dorfrand mit Tankstelle / 2   64
Tabakblätter, Dahlien   65
Sachsen-Anhalt   66
Wer es weiß   67
Alte Straßen   68
Der Rabe   69

8 / Radio im Geländewagen   71

9 / Spiegeleier, Blattspinat 79

Septemberanfang 81
Unter den Kranichzügen 82
Wie und wann 83
Dorfrand mit Tankstelle / 3 84
Interview 85
Die Maus 86
Wiedersehen in der Stadt 87
Um was ging es denn 88
Gegen halb fünf 89

*10 / Die Spuren des
wiedergefundenen Heimwegs* 91

Bibliothek Suhrkamp

Verzeichnis der letzten Nummern

1208 Wolfgang Koeppen, Ich bin gern in Venedig warum
1209 Hugo Claus, Jakobs Verlangen
1211 Samuel Beckett, Das letzte Band/Krapp's Last Tape/La dernière bande
1213 Louis Aragon, Der Pariser Bauer
1214 Michel Foucault, Die Hoffräulein
1215 Gertrude Stein, Zarte Knöpfe/Tender Buttons
1216 Hans Mayer, Reden über Deutschland
1217 Alvaro Cunqueiro, Die Chroniken des Kantors
1218 Inger Christensen, Das gemalte Zimmer
1219 Peter Weiss, Das Gespräch der drei Gehenden
1221 Sylvia Plath, Die Glasglocke
1222 Martin Walser, Selbstbewußtsein und Ironie
1223 Cees Nooteboom, Das Gesicht des Auges/Het gezicht van het oog
1224 Samuel Beckett, Endspiel/Fin de partie/Endgame
1225 Bernard Shaw, Die wundersame Rache
1226 Else Lasker-Schüler, Der Prinz von Theben
1227 Cesare Pavese, Die einsamen Frauen
1228 Zbigniew Herbert, Stilleben mit Kandare
1230 Peter Handke, Phantasien der Wiederholung
1231 John Updike, Der weite Weg zu zweit
1232 Georges Simenon, Der Mörder
1233 Jürgen Habermas, Vom sinnlichen Eindruck zum symbolischen Ausdruck
1234 Clarice Lispector, Wo warst du in der Nacht
1235 Joseph Conrad, Falk
1237 Virginia Woolf, Die Wellen
1238 Cesare Pavese, Der schöne Sommer
1239 Franz Kafka, Betrachtung
1240 Lawrence Durrell, Das Lächeln des Tao
1241 Bohumil Hrabal, Ein Heft ungeteilter Aufmerksamkeit
1242 Erhart Kästner, Die Lerchenschule
1243 Eduardo Mendoza, Das Jahr der Sintflut
1244 Karl Kraus, Die Sprache
1245 Annette Kolb, Daphne Herbst
1246 Giuseppe Tomasi di Lampedusa, Die Sirene
1247 Marieluise Fleißer, Die List
1248 Sadeq Hedayat, Die blinde Eule
1250 Paul Celan, Schneepart
1251 György Dalos, Die Beschneidung
1252 René Depestre, Hadriana in all meinen Träumen
1253 Jurek Becker, Bronsteins Kinder
1255 Cesare Pavese, Der Teufel auf den Hügeln
1256 Hans Magnus Enzensberger, Kiosk
1257 Paul Bowles, Zu fern der Heimat
1258 Adolfo Bioy Casares, Ein schwankender Champion
1259 Anna Maria Jokl, Essenzen
1261 Giuseppe Ungaretti, Das verheißene Land/La terra promessa

1262 Juan Carlos Onetti, Magda
1263 Hans Blumenberg, Schiffbruch mit Zuschauer
1264 Hermann Lenz, Die Augen eines Dieners
1265 Hans Erich Nossack, Um es kurz zu machen
1266 Joseph Brodsky, Haltestelle in der Wüste
1267 Mário de Sá-Carneiro, Lúcios Bekenntnis
1268 Gerhard Meier, Land der Winde
1269 Gershom Scholem, Judaica 6
1270 Rafael Alberti, Der verlorene Hain
1271 Bertolt Brecht, Furcht und Elend des III. Reiches
1272 Thomas Wolfe, Der verlorene Knabe
1273 E. M. Cioran, Leidenschaftlicher Leitfaden
1274 Bertolt Brecht, Flüchtlingsgespräche
1275 Else Lasker-Schüler, In Theben geboren
1276 Samuel Joseph Agnon, Buch der Taten
1277 Volker Braun, Die unvollendete Geschichte und ihr Ende
1278 Jan Jacob Slauerhoff, Christus in Guadalajara
1279 Yasushi Inoue, Shirobamba
1280 Gertrud von le Fort, Das fremde Kind
1281 György Konrád, Heimkehr
1282 Peter Bichsel, Der Busant
1284 Carlos Fuentes, Der alte Gringo
1285 Peter Rühmkorf, Lethe mit Schuß
1286 Cees Nooteboom, Der Ritter ist gestorben
1287 Christopher Isherwood, Praterveilchen
1288 Ernst Weiß, Jarmila
1289 Vladimir Nabokov, Pnin
1291 Rainer Maria Rilke, Mitten im Lesen schreib ich Dir
1292 Robert Graves, Der Schrei
1293 S.J. Agnon, Liebe und Trennung
1295 Inger Christensen, Das Schmetterlingstal
1296 Rosario Castellanos, Die Tugend der Frauen von Comitán
1297 Marcel Proust, Freuden und Tage
1298 Weniamin Kawerin, Vor dem Spiegel
1299 Juan Carlos Onetti, Wenn es nicht mehr wichtig ist
1300 Peter Handke, Drei Versuche
1301 Hans Henny Jahnn, 13 nicht geheure Geschichten
1302 Claude Simon, Die Akazie
1303 Hans Blumenberg, Begriffe in Geschichten
1304 Friederike Mayröcker, Benachbarte Metalle
1305 S.Yishar, Ein arabisches Dorf
1306 Paul Valéry, Leonardo da Vinci
1307 Ernst Weiß, Der Augenzeuge
1308 Octavio Paz, Im Lichte Indiens
1309 Gertrud Kolmar, Welten
1310 Alberto Savinio, Tragödie der Kindheit
1311 Zbigniew Herbert, Opfer der Könige
1312 Edoardo Sanguineti, Capriccio italiano
1314 Augusto Roa Bastos, Die Nacht des Admirals
1315 Frank Wedekind, Lulu – Die Büchse der Pandora

1316 Jorge Ibargüengoitia, Abendstunden in der Provinz
1317 Marina Zwetajewa, Ein Abend nicht von dieser Welt
1318 Hans Henny Jahnn, Die Nacht aus Blei
1319 Julio Cortázar, Andrés Favas Tagebuch
1320 Thomas Bernhard, Das Kalkwerk
1321 Marcel Proust, Combray
1322 Ludwig Wittgenstein, Logisch-philosophische Abhandlung
1323 Hermann Lenz, Spiegelhütte
1325 Sigrid Undset, Das glückliche Alter
1326 Botho Strauß, Gedankenfluchten
1328 Paul Nizon, Untertauchen
1329 Álvaro Mutis, Die letzte Fahrt des Tramp Steamer
1330 Sherwood Anderson, Winesburg, Ohio
1331 Derrida / Montaigne, Über die Freundschaft
1332 Günter Grass, Katz und Maus
1333 Gert Ledig, Die Stalinorgel
1334 Yasushi Inoue, Schwarze Flut
1335 Heiner Müller, Ende der Handschrift
1336 Hans Blumenberg, Löwen
1337 Konstantinos Kavafis, Gefärbtes Glas
1338 Wolfgang Koeppen, Die Jawang-Gesellschaft
1339 Jorge Semprun, Die Ohnmacht
1340 Marina Zwetajewa, Versuch, eifersüchtig zu sein
1341 Hermann Hesse, Der Zauberer
1342 Hermann Broch, Hofmannsthal und seine Zeit
1343 Bertolt Brecht, Kalendergeschichten
1344 Odysseas Elytis, Oxópetra / Westlich der Trauer
1345 Hermann Hesse, Peter Camenzind
1346 Franz Kafka, Strafen
1347 Amos Oz, Sumchi
1348 Stefan Zweig, Schachnovelle
1349 Ivo Andrić, Der verdammte Hof
1350 Rudolf Borchardts Leben von ihm selbst erzählt
1351 André Breton, Nadja
1352 Ted Hughes, Etwas muß bleiben
1353 Arno Schmidt, Das steinerne Herz
1354 José María Arguedas, Diamanten und Feuersteine
1355 Thomas Brasch, Vor den Vätern sterben die Söhne
1356 Federico García Lorca, Zigeunerromanzen
1357 Imre Kertész, Der Spurensucher
1358 István Örkény, Minutennovellen
1359 Josef Winkler, Natura morta
1360 Giorgio Agamben, Idee der Prosa
1361 Alfredo Bryce Echenique, Ein Frosch in der Wüste
1363 Ted Hughes, Birthday Letters
1364 Ralf Rothmann, Stier
1365 Arno Schmidt, Seelandschaft mit Pocahontas
1366 Bertolt Brecht, Geschichten vom Herrn Keuner
1367 M. Blecher, Aus der unmittelbaren Unwirklichkeit
1368 Joseph Conrad, Ein Lächeln des Glücks

1369 Christoph Hein, Der Ort. Das Jahrhundert
1370 Gertrud Kolmar, Die jüdische Mutter
1371 Hermann Lenz, Vielleicht lebst du weiter im Stein
1372 Ludwig Wittgenstein, Philosophische Untersuchungen
1373 Thomas Brasch, Der schöne 27. September
1374 Péter Esterházy, Die Hilfsverben des Herzens
1375 Stanislaus Joyce, Meines Bruders Hüter
1376 Yasunari Kawabata, Schneeland
1377 Heiner Müller, Germania
1378 Du kamst, Vogel, Herz, im Flug; Spanische Lyrik
1379 Giorgio Agamben, Kindheit und Geschichte
1380 Louis Begley, Lügen in Zeiten des Krieges
1381 Alejo Carpentier, Das Reich von dieser Welt
1382 Nagib Machfus, Das Hausboot am Nil
1383 Guillermo Rosales, Boarding Home
1384 Siegfried Unseld, Briefe an die Autoren
1385 Theodor W. Adorno, Traumprotokolle
1386 Rudolf Borchardt, Jamben
1387 Günter Grass, »Wir leben im Ei«
1389 Hans-Ulrich Treichel, Der Felsen, an dem ich hänge
1388 Palinurus, Das ruhelose Grab
1390 Edward Upward, Reise an die Grenze
1391 Adonis und Dimitri T. Analis, Unter dem Licht der Zeit
1392 Samuel Beckett, Trötentöne/Mirlitonnades
1393 Federico García Lorca, Dichter in New York
1394 Durs Grünbein, Der Misanthrop auf Capri
1395 Ko Un, Die Sterne über dem Land der Väter
1396 Wisława Szymborska, Der Augenblick/Chwila
1397 Brigitte Kronauer, Frau Melanie, Frau Martha und Frau Gertrud
1398 Idea Vilariño, An Liebe
1399 M. Blecher, Vernarbte Herzen
1401 Gert Jonke, Schule der Geläufigkeit
1402 Heiner Müller / Sophokles, Philoktet
1403 Giorgos Seferis, Ionische Reise
1404 Christa Wolf, Nachdenken über Christa T.
1405 Günther Anders, Tagesnotizen
1406 Roberto Arlt, Das böse Spielzeug
1407 Hermann Hesse / Stefan Zweig, Briefwechsel
1408 Franz Kafka, Die Zürauer Aphorismen
1409 Saadat Hassan Manto, Schwarze Notizen
1410 Arno Schmidt, Die Gelehrtenrepublik
1411 Bruno Bayen, Die Verärgerten
1412 Marcel Beyer, Flughunde
1413 Thomas Brasch, Was ich mir wünsche
1414 Reto Hänny, Flug
1415 Zygmunt Haupt, Vorhut
1416 Gerhard Meier, Toteninsel
1417 Gerhard Meier, Borodino
1418 Gerhard Meier, Die Ballade vom Schneien
1419 Raymond Queneau, Stilübungen

Bibliothek Suhrkamp
Alphabetisches Verzeichnis

Achmatowa: Gedichte 983
Adonis / Analis: Unter dem Licht der Zeit 1391
Adorno: Minima Moralia 236
– Traumprotokolle 1385
Agamben: Idee der Prosa 1360
– Kindheit und Geschichte 1379
Agnon: Der Verstoßene 990
– Buch der Taten 1276
– Liebe und Trennung 1293
Aiken: Fremder Mond 1014
Aitmatow: Der weiße Dampfer 1198
– Dshamilja 315
Alain: Das Glück ist hochherzig 949
– Die Pflicht, glücklich zu sein 470
Alain-Fournier: Jugendbildnis 23
Alberti: Zu Lande zu Wasser 60
– Der verlorene Hain 1270
Anders: Tagesnotizen 1405
Anderson: Winesburg, Ohio 1330
Anderson/Stein: Briefwechsel 874
Andriæ: Der verdammte Hof 1349
Aragon: Der Pariser Bauer 1213
– Libertinage 1072
Arguedas: Diamanten und Feuersteine 1354
Arlt: Das böse Spielzeug 1406

Bachmann: Malina 534
Ball: Kritik der deutschen Intelligenz 690
Barnes: Antiphon 241
– Nachtgewächs 293
Barthes: Die Lust am Text 378
Bayen: Die Verärgerten 1411
Becker, Jürgen: Beispielsweise am Wannsee 1112
Becker, Jurek: Bronsteins Kinder 1253
– Der Boxer 1045
– Jakob der Lügner 510
Beckett: Das letzte Band/Krapp's Last Tape/La dernière bande 1211
– Der Ausgestoßene 1163
– Der Verwaiser/Le dépeupler/The Lost Ones 1027
– Endspiel/Fin de partie/Endgame 1224
– Erste Liebe/Premier amour 277
– Erzählungen und Texte um Nichts 82

– Gesellschaft 800
– Mehr Prügel als Flügel 1000
– Trötentöne/Mirlitonnades 1392
– Warten auf Godot 1040
Begley: Lügen in Zeiten des Krieges 1380
Benet: Der Turmbau zu Babel 1154
– Ein Grabmal/Numa 1026
Benjamin: Berliner Kindheit um neunzehnhundert 966
– Einbahnstraße 27
– Sonette 876
Bernhard: Alte Meister 1120
– Amras 489
– Beton 857
– Das Kalkwerk 1320
– Der Theatermacher 870
– Der Untergeher 899
– Die Macht der Gewohnheit 415
– Heldenplatz 997
– Holzfällen 927
– Verstörung 229
– Wittgensteins Neffe 788
Beyer: Flughunde 1412
Bichsel: Der Busant 1282
– Eigentlich möchte Frau Blum den Milchmann kennenlernen 1125
– Zur Stadt Paris 1179
Bierce: Mein Lieblingsmord 1205
Bioy Casares: Abenteuer eines Fotografen in La Plata 1188
– Ein schwankender Champion 1258
Blecher: Aus der unmittelbaren Unwirklichkeit 1367
– Vernarbte Herzen 1399
Blixen: Ehrengard 917
– Moderne Ehe 886
Bloch: Erbschaft dieser Zeit 388
– Spuren. Erweiterte Ausgabe 54
– Zur Philosophie der Musik 398
Blok: Gedichte 1052
Blumenberg: Begriffe in Geschichten 1303
– Die Sorge geht über den Fluß 965
– Löwen 1336
– Matthäuspassion 998
– Schiffbruch mit Zuschauer 1263
Borchardt: Ausgewählte Gedichte 213
– Jamben 1386

- Rudolf Borchardts Leben von ihm selbst erzählt 1350
Born: Gedichte 1042
Bouchet, du: Vakante Glut/Dans la chaleur vacante 1021
Bove: Armand 792
– Bécon-les-Bruyères 872
– Die Falle 1174
– Meine Freunde 744
Bowles: Zu fern der Heimat 1257
Brandys: Die Art zu leben 1036
Brasch: Der schöne 27. September 1373
– Vor den Vätern sterben die Söhne 1355
– Was ich mir wünsche 1413
Braun: Die Unvollendete Geschichte und ihr Ende 1277
– Unvollendete Geschichte 648
Brecht: Die Dreigroschenoper 1155
– Dialoge aus dem Messingkauf 140
– Flüchtlingsgespräche 1274
– Furcht und Elend des III. Reiches 1271
– Gedichte über die Liebe 1161
– Gedichte und Lieder 33
– Geschichten vom Herrn Keuner 1366
– Hauspostille 4
– Kalendergeschichten 1343
– Me-ti, Buch der Wendungen 228
– Schriften zum Theater 41
Breton: L'Amour fou 435
– Nadja 1351
Broch: Demeter 199
– Die Erzählung der Magd Zerline 204
– Esch oder die Anarchie 157
– Hofmannsthal und seine Zeit 1342
– Hugenau oder die Sachlichkeit 187
Brodsky: Haltestelle in der Wüste 1266
Bryce Echenique: Frosch in der Wüste 1361
Bufalino: Der Ingenieur von Babel 1107
– Die Lügen der Nacht 1130
– Klare Verhältnisse 1202
Bunin: Mitjas Liebe 841
Butor: Die Wörter in der Malerei 1093
Byatt: Zucker 1194

Cage: Silence 1193
Camus: Die Pest 771
Capote: Die Grasharfe 62
Carossa: Ausgewählte Gedichte 596
– Ein Tag im Spätsommer 1947 649
– Führung und Geleit 688

Carpentier: Barockkonzert 508
– Das Reich von dieser Welt 1381
– Die Hetzjagd 1041
Castellanos: Die Tugend der Frauen von Comitán 1296
Celan: Der Meridian u. andere Prosa 485
– Gedichte 1938-1944 933
– Gedichte I 412
– Gedichte II 413
– Lichtzwang 1143
– Schneepart 1250
Ceronetti: Schweigen des Körpers 810
Char: Lob einer Verdächtigen/Éloge d'une Soupçonnée 1023
Christensen: Das gemalte Zimmer 1218
– Das Schmetterlingstal 1295
Cioran: Leidenschaftlicher Leitfaden 1273
– Über das reaktionäre Denken 643
– Widersprüchliche Konturen 898
Claus: Jakobs Verlangen 1209
Colomb: Zeit der Engel 1016
Conrad: Ein Lächeln des Glücks 1368
– Falk 1235
– Herz der Finsternis 1088
– Jugend 386
Consolo: Die Wunde im April 977
Cortázar: Andrés Favas Tagebuch 1319
– Der Verfolger 999
Crevel: Der schwierige Tod 987
– Seid Ihr verrückt? 1083
Cunqueiro: Chroniken des Kantors 1217

Dagerman: Deutscher Herbst 924
Dalos: Die Beschneidung 1251
Depestre: Hadriana in all meinen Träumen 1252
Derrida / Montaigne: Über die Freundschaft 1331
Döblin: Berlin Alexanderplatz 451
Dorst: Fernando Krapp 1158
– Klaras Mutter 1031
Dürrenmatt: Die Ehe des Herrn Mississippi 1203
Du kamst, Vogel, Herz, im Flug; Spanische Lyrik der Gegenwart 1378
Dumézil: Der schwarze Mönch in Varennes 1017
Duras: Aurelia Steiner 1006
– Der Liebhaber 967
– Im Sommer abends um halb elf 1087

Durrell: Das Lächeln des Tao 1240
Eça de Queiroz: Der Mandarin 956
Ehrenburg: Die ungewöhnlichen
 Abenteuer des Julio Jurenito 455
Eich: Gedichte 368
– Gesammelte Maulwürfe 312
– Träume 16
Eliade: Auf der Mântuleasa-Straße 328
– Neunzehn Rosen 676
Elias: Mozart 1071
– Über die Einsamkeit der Sterbenden 772
Eliot: Old Possums Katzenbuch 10
– Das wüste Land 425
Ellmann: Vier Dubliner – Wilde, Yeats,
 Joyce und Beckett 1131
Elsschot: Villa des Roses 1121
Elytis: Neue Gedichte 843
– Oxópetra / Westlich der Trauer 1344
Enzensberger: Kiosk 1256
– Mausoleum 602
– Verteidigung der Wölfe 711
Esterházy: Hilfsverben des Herzens 1374

Farrochsad: Jene Tage 1128
Federspiel: Museum des Hasses 1050
– Die Ballade von der Typhoid Mary 942
Fleißer: Abenteuer aus dem Englischen
 Garten 223
– Das Mädchen Yella 1109
– Die List 1247
– Ein Pfund Orangen 375
Foucault: Die Hoffräulein 1214
Frame: Wenn Eulen schrein 991
Frisch: Andorra 101
– Biedermann und die Brandstifter 1075
– Bin oder die Reise nach Peking 8
– Biografie: Ein Spiel 225
– Biografie: Ein Spiel, Neue Fassung 873
– Blaubart 882
– Fragebogen 1095
– Homo faber 87
– Montauk 581
– Tagebuch 1966-1971 1015
Fuentes: Der alte Gringo 1284

Gadamer: Über die Verborgenheit der
 Gesundheit 1135
– Wer bin Ich und wer bist Du? 352
Gadda: An einen brüderlichen
 Freund 1061
– Die Liebe zur Mechanik 1096

García Lorca: Diwan des Tamarit/
 Diván del Tamarit 1047
– Dichter in New York/Poeta en
 Nueva York 1393
– Zigeunerromanzen 1356
Gelléri: Budapest und andere Prosa 237
Giraudoux: Eglantine 19
Goytisolo: Rückforderung des
 Conde don Julián 1187
Grass: Katz und Maus 1332
– »Wir leben im Ei« 1387
Graves: Der Schrei 1292
– Das kühle Netz/The Cool Web 1032
Grünbein: Der Misanthrop auf
 Capri 1394
Guttmann: Das alte Ohr 614
Guimarães: Doralda, die weiße Lilie 775

Habermas: Vom sinnlichen Eindruck
 zum symbolischen Ausdruck 1233
Hänny: Flug 1414
Handke: Die Angst des Tormanns beim
 Elfmeter 612
– Die Stunde da wir nichts voneinander
 wußten 1173
– Die Stunde der wahren Empfindung 773
– Die Wiederholung 1001
– Drei Versuche 1300
– Gedicht an die Dauer 930
– Phantasien der Wiederholung 1230
– Wunschloses Unglück 834
Haupt: Vorhut 1415
Hauptmann: Das Meerwunder 1025
Hedayat: Die blinde Eule 1248
Hein: Der Ort. Das Jahrhundert 1369
Hemingway: Der alte Mann und
 das Meer 214
Herbert: Ein Barbar in einem Garten 536
– Inschrift 384
– Herr Cogito 416
– Opfer der Könige 1311
– Stilleben mit Kandare 1228
Hermlin: Der Leutnant Yorck
 von Wartenburg 381
Hesse: Demian 95
– Eigensinn 353
– Glück 344
– Klingsors letzter Sommer 608
– Knulp 75
– Krisis 747
– Legenden 472

- Mein Glaube 300
- Morgenlandfahrt 1
- Musik 1142
- Narziß und Goldmund 65
- Peter Camenzind 1346
- Politische Betrachtungen 244
- Siddhartha 227
- Steppenwolf 869
- Stufen 342
- Unterm Rad 981
- Wanderung 444
- Zauberer 1341

Hesse / Zweig: Briefwechsel 1407
Hessel: Heimliches Berlin 758
- Pariser Romanze 877
Hildesheimer: Biosphärenklänge 533
- Exerzitien mit Papst Johannes 647
- Lieblose Legenden 84
- Mitteilungen an Max über den Stand der Dinge und anderes 1100
- Mozart 1136
- Vergebliche Aufzeichnungen 516
Hofmannsthal: Buch der Freunde 626
- Gedichte und kleine Dramen 174
Hohl: Bergfahrt 624
Horváth: Jugend ohne Gott 947
Hrabal: Die Katze Autitschko 1097
- Heft ungeteilter Aufmerksamkeit 1241
- Leben ohne Smoking 1124
- Reise nach Sondervorschrift 1157
- Sanfte Barbaren 916
- Schneeglöckchenfeste 715
- Tanzstunden für Erwachsene und Fortgeschrittene 548
Huch: Der letzte Sommer 545
Huchel: Gedichte 1018
- Die neunte Stunde 891
Hughes: Birthday Letters 1363
- Etwas muß bleiben 1352

Ibargüengoitia: Augustblitze 1104
- Abendstunden in der Provinz 1316
- Die toten Frauen 1059
Inoue: Das Jagdgewehr 137
- Das Tempeldach 709
- Die Berg-Azaleen auf dem Hira-Gipfel 666
- Schwarze Flut 1334
- Shirobamba 1279
Isherwood: Praterveilchen 1287

Jahnn: Die Nacht aus Blei 1318
- 13 nicht geheure Geschichten 1301
Johnson: Mutmassungen über Jakob 723
- Skizze eines Verunglückten 785
Jokl: Essenzen 1259
Jonas: Das Prinzip Verantwortung 1005
- Gedanken über Gott 1160
Jonke: Schule der Geläufigkeit 1401
Jouve: Paulina 1880 271
Joyce, James: Anna Livia Plurabelle 253
- Briefe an Nora 280
- Die Toten / The Dead 512
- Dubliner 418
- Giacomo Joyce 240
- Porträt des Künstlers als junger Mann 350
- Stephen der Held 338
- Verbannte 217
Joyce, Stanislaus: Meines Bruders Hüter 1375

Kästner, Erhart: Aufstand der Dinge 476
- Die Lerchenschule 1242
- Zeltbuch von Tumilat 382
Kästner, Erich: Gedichte 677
Kafka: Betrachtung 1239
- Der Heizer 464
- Die Verwandlung 351
- Die Zürauer Aphorismen 1408
- Strafen 1346
Kasack: Die Stadt hinter dem Strom 296
Kaschnitz: Beschreibung eines Dorfes 645
- Gedichte 436
Kavafis: Gefärbtes Glas 1337
- Um zu bleiben 1020
Kawabata: Schneeland 1376
- Träume im Kristall 383
Kawerin: Das Ende einer Bande 332
- Vor dem Spiegel 1298
Kertész: Der Spurensucher 1357
Kim: Der Lotos 922
Kiš: Garten, Asche 878
Kluge: Lebensläufe 911
Ko Un: Die Sterne über dem Land der Väter 1395
Koch: Altes Kloster 1106
Koeppen: Das Treibhaus 659
- Der Tod in Rom 914
- Die Jawang-Gesellschaft 1338
- Eine unglückliche Liebe 1085
- Ich bin gern in Venedig warum 1208

- Jugend 500
- Tauben im Gras 393
Kolb: Daphne Herbst 1245
Kolmar: Die jüdische Mutter 1370
- Gedichte 815
- Susanna 1199
- Welten 1309
Konrád: Heimkehr 1281
Kraus: Die Sprache 1244
- Die letzten Tage der Menschheit 1091
Krolow: Fremde Körper 52
- Meine Gedichte 1037
Kronauer: Frau Melanie, Frau Martha und Frau Gertrud 1397
Krüger: Das zerbrochene Haus 1066
Kyrklund: Vom Guten 1076

Langgässer: Das Labyrinth 1176
Larbaud: Fermina Márquez 654
Lasker-Schüler: Arthur Aronymus 1002
- Der Prinz von Theben 1226
- In Theben geboren 1275
- Mein Herz 520
Lavant: Gedichte 970
Lawrence: Auferstehungsgeschichte 589
- Der Mann, der Inseln liebte 1044
Ledig: Die Stalinorgel 1333
le Fort: Das fremde Kind 1280
Leiris: Mannesalter 427
Lem: Robotermärchen 366
Lenz, Hermann: Der Kutscher und der Wappenmaler 428
- Die Augen eines Dieners 1264
- Spiegelhütte 1323
- Vielleicht lebst du weiter im Stein 1371
Lévi-Strauss: Mythos und Bedeutung 1197
Lispector: Die Nachahmung der Rose 781
- Wo warst du in der Nacht 1234

Maass: Die unwiederbringliche Zeit 866
Machfus: Das Hausboot am Nil 1382
Mandelstam: Reise nach Armenien 801
Mann, Thomas: Schriften zur Politik 243
Mansfield: Meistererzählungen 811
Manto: Schwarze Notizen 1409
Mayer, Hans: Ansichten von Deutschland 984
- Der Weg Heinrich Heines 1283

- Frisch und Dürrenmatt 1098
- Reden über Deutschland 1216
- Versuche über Schiller 945
Mayröcker: Benachbarte Metalle 1304
- Das Herzzerreißende der Dinge 1048
- Reise durch die Nacht 923
Meier G.: Borodino 1417
- Die Ballade vom Schneien 1418
- Land der Winde 1268
- Toteninsel 1416
Mendoza: Das Jahr der Sintflut 1243
Michaux: Ein gewisser Plume 902
Miller: Das Lächeln am Fuße der Leiter 198
Minder: Wozu Literatur? 275
Mitscherlich: Die Idee des Friedens und die menschliche Aggressivität 233
Modiano: Eine Jugend 995
Montherlant: Die Junggesellen 805
Morselli: Dissipatio humani generis oder Die Einsamkeit 1117
Müller, Heiner: Germania 1377
- Ende der Handschrift 1335
Müller/Sophokles: Philoktet 1402
Mulisch: Das steinerne Brautbett 1192
Muschg: Dreizehn Briefe Mijnheers 920
- Leib und Leben 880
- Liebesgeschichten 727
- Noch ein Wunsch 1127
Mutis: Die letzte Fahrt des Tramp Steamer 1329

Nabokov: Pnin 1289
Neruda: Gedichte 99
Nijhoff: Stunde X 859
Nizon: Canto 1116
- Das Jahr der Liebe 845
- Stolz 617
- Untertauchen 1328
Nooteboom: Das Gesicht des Auges/ Het gezicht van het oog 1223
- Buddha hinter dem Bretterzaun 1189
- Der Ritter ist gestorben 1286
- Die folgende Geschichte 1141
- Ein Lied von Schein und Sein 1024
Nossack: Der Untergang 523
- Spätestens im November 331
- Um es kurz zu machen 1265
- Unmögliche Beweisaufnahme 49

O'Brien: Aus Dalkeys Archiven 623
Ocampo: Die Furie und andere
   Geschichten 1051
Oe: Der Tag, an dem Er selbst mir
   die Tränen abgewischt 396
Örkény: Minutennovellen 1358
Ogai Mori: Die Tänzerin 1159
O'Kelly: Das Grab des Webers 177
Ollier: Bildstörung 1069
Onetti: Abschiede 1175
– Der Schacht 1007
– Grab einer Namenlosen 976
– Magda 1262
– Wenn es nicht mehr wichtig ist 1299
Oz: Herr Levi 1206
– Sumchi 1347

Palinurus: Das ruhelose Grab 1388
Pasternak: Die Geschichte einer
   Kontra-Oktave 456
– Initialen der Leidenschaft 299
Paulhan: Der beflissene Soldat 1182
Pavese: Der schöne Sommer 1238
– Der Teufel auf dem Hügel 1255
– Die einsamen Frauen 1227
– Junger Mond 111
Paz: Das Labyrinth der Einsamkeit 404
– Der sprachgelehrte Affe 530
– Die doppelte Flamme 1200
– Im Lichte Indiens 1308
Penzoldt: Der arme Chatterton 1064
– Prosa eines Liebenden 78
– Squirrel 46
Percy: Der Kinogeher 903
Pérez Galdós: Miau 814
Pieyre de Mandiargues: Schwelende
   Glut 507
Pilnjak: Das nackte Jahr 746
Pinget: Passacaglia 1084
Plath: Ariel 380
– Die Glasglocke 1221
Plenzdorf: Die neuen Leiden des
   jungen W. 1028
Ponge: Das Notizbuch vom
   Kiefernwald und La Mounine 774
– Texte zur Kunst 1030
Proust: Combray 1321
– Briefwechsel mit der Mutter 239
– Eine Liebe Swanns 1185
– Freuden und Tage 1297

Queiroz: Das Jahr 15 595
Queneau: Heiliger Bimbam 951
– Stilübungen 1419

Radiguet: Den Teufel im Leib 147
Ramos: Angst 570
Remisow: Die Geräusche der Stadt 1204
– Gang auf Simsen 1080
Reve: Der vierte Mann 1132
Rilke: Ausgewählte Gedichte 184
– Briefe an einen jungen Dichter 1022
– Bücher. Theater. Kunst 1068
– Das Testament 414
– Die Aufzeichnungen des Malte
   Laurids Brigge 343
– Duineser Elegien 468
– Mitten im Lesen schreib ich Dir 1291
Ritsos: Gedichte 1077
Roa Bastos: Die Nacht des Admirals 1314
Robbe-Grillet: Der Augenzeuge 931
– Die blaue Villa in Hongkong 1169
Rodoreda: Aloma 1056
– Auf der Plaça del Diamant 1133
– Der Fluß und das Boot 919
Rosales: Boarding Home 1383
Rose aus Asche: Gedichte 734
Rosenzweig: Der Stern der Erlösung 973
Rothmann: Stier 1364
Rühmkorf: Lethe mit Schuß 1285
Rulfo: Der Llano in Flammen 504
– Pedro Páramo 434

Sá-Carneiro: Lúcios Bekenntnis 1267
Sachs: Gedichte 549
Salinas: Gedichte 1049
Sanguineti: Capriccio italiano 1312
Savinio: Kindheit des Nivasio
   Dolcemare 1168
– Tragödie der Kindheit 1310
Schmidt, Arno: Das steinerne Herz 1353
– Die Gelehrtenrepublik 1410
– Seelandschaft mit Pocahontas 1365
Scholem: Judaica 1 106
– Judaica 2 263
– Judaica 3 333
– Judaica 4 831
– Judaica 5 1111
– Judaica 6 1269
– Walter Benjamin – die Geschichte
   einer Freundschaft 467
Schröder: Der Wanderer und die Heimat 3

Seelig: Wanderungen mit Robert
    Walser 554
Seferis: Ionische Reise 1403
– Poesie 962
– Sechs Nächte auf der Akropolis 1147
Semprun: Die Ohnmacht 1339
Sender: Der König und die Königin 305
Shaw: Die Abenteuer des schwarzen
    Mädchens auf der suche nach
    Gott 1029
– Die heilige Johanna 295
– Ein Wagner-Brevier 337
– Frau Warrens Beruf 918
Simenon: Der Mörder 1232
– Der Präsident 679
Simon: Das Seil 134
– Die Akazie 1302
Slauerhoff: Christus in Guadalajara 1278
Sokolow: Die Schule der Dummen 1123
Solschenizyn: Matrjonas Hof 324
Sophokles: s. Müller / Sophokles
Szymborska: Augenblick/Chwila 1396
Stein: Erzählen 278
– Paris Frankreich 452
– Q.E.D. 1055
– Zarte Knöpfe/Tender Buttons 1215
– /Anderson: Briefwechsel 874
Steiner: Schnee bis in die Niederungen
    1070
Sternberger: Figuren der Fabel 1054
Strauß: Gedankenfluchten 1326
Suhrkamp: Briefe an die Autoren 100
– Der Leser 55
– Munderloh 37
Svevo: Ein Mann wird älter 301
Szymborska: Deshalb leben wir 697

Tomasi di Lampedusa: Die Sirene 1246
Thoor: Gedichte 424
Trakl: Gedichte 420
Treichel: Der Felsen, an dem ich
    hänge 1389

Ullmann: Ausgewählte Erzählungen 651
Undset: Das glückliche Alter 1325
Unseld: Briefe an die Autoren 1384
Ungaretti: Gedichte 70
– Das verheißne Land 1261
Updike: Der weite Weg zu zweit 1231
Upward: Reise an die Grenze 1390

Valéry: Leonardo da Vinci 1306
– Monsieur Teste 1191
– Tanz, Zeichnung und Degas 6
– Windstriche 1172
– Zur Theorie der Dichtkunst 474
Vilariño: An Liebe 1398

Waginow: Auf der Suche nach dem
    Gesang der Nachtigall 1094
Walser, Martin: Ein fliehendes Pferd 819
– Meßmers Gedanken 946
– Ohne einander 1181
– Selbstbewußtsein und Ironie 1222
Walser, Robert: Der Spaziergang 593
– Geschwister Tanner 450
– Jakob von Gunten 515
– Poetenleben 986
Wedekind: Lulu – Die Büchse der
    Pandora 1315
Weiß, Ernst: Der Augenzeuge 1307
– Jarmila 1288
Weiss, Peter: Abschied von den Eltern 700
– Das Gespräch der drei Gehenden 1219
– Der Schatten des Körpers
    des Kutschers 585
– Fluchtpunkt 797
Weöres: Der von Ungern 1063
Williams: Die Worte, die Worte 76
Winkler: Natura morta 1359
Wittgenstein: Logisch-philosophische
    Abhandlung 1322
– Philosophische Untersuchungen 1372
– Über Gewißheit 250
Wolf: Nachdenken über Christa T. 1404
Wolfe: Der verlorene Knabe 1272
Woolf: Die Wellen 1237

Yacine: Nedschma 116
Yeats: Die geheime Rose 433
Yishar: Ein arabisches Dorf 1305

Zweig: Monotonisierung der Welt 493
– Schachnovelle 1348
Zweig / Hesse: Briefwechsel
Zwetajewa: Auf eigenen Wegen 953
– Ein Abend nicht von dieser Welt 1317
– Ein gefangener Geist 1009
– Mutter und die Musik 941
– Phoenix 1057
– Versuch, eifersüchtig zu sein 1340